U0846651

世图心理

博客：http://blog.sina.com.cn/bjwpcpsy
微博：http://weibo.com/wpcpsy

与人联结

[美] 维吉尼亚・萨提亚（Virginia Satir）著
于彬 译

世界图书出版公司
北京・广州・上海・西安

图书在版编目（CIP）数据

与人联结 / (美) 维吉尼亚·萨提亚著；于彬译. —北京：世界图书出版公司北京公司，2014.11（2024.7 重印）
书名原文：Making Contact
ISBN 978-7-5100-8084-5

Ⅰ.①与… Ⅱ.①萨… ②于… Ⅲ.①心灵修养一心理学 Ⅳ.①B849
中国版本图书馆CIP数据核字（2014）第123022号

与人联结

著　　者：[美] 维吉尼亚·萨提亚（Virginia Satir）
译　　者：于　彬
责任编辑：李晓庆
装帧设计：刘　岩
插　　图：徐寅虎

出　　版：世界图书出版公司北京公司
出 版 人：张跃明
发　　行：世界图书出版公司北京公司
销　　售：全国新华书店
印　　刷：河北鑫彩博图印刷有限公司

开　　本：787 mm×1092 mm　1/32
印　　张：4
字　　数：100千
版　　次：2015年1月第1版　2024年7月第12次印刷
版权登记：01-2013-3921

ISBN 978-7-5100-8084-5　　定价：28.00元

让幸福的能量永驻

——“萨提亚生命能量之书”系列缘起

从引进第一本萨提亚的图书至今，萨提亚这个名字已经在中国大地上被广为传颂。为什么？因为有太多太多的个人因着她的理论、她的智慧而重获心灵的自由和身心的成长，太多太多的家庭因着她的洞见与分享让爱重新流动，让和谐幸福满溢。

第一批引入的图书《新家庭如何塑造人》《萨提亚家庭治疗模式》《萨提亚治疗实录》已经将萨提亚的理论框架和治疗方法与过程阐述得非常清晰，在此基础之上，我们又精心推出了这套“萨提亚生命能量之书”系列，让大师的身心能量再次被传导，使理智与感性交融，认知与体验并生，使读者在此书系细腻、亲切的引导中，与自己的心灵约会，与家庭的问题和解，追寻人生的幸福与喜悦。

如果你是熟悉萨提亚家庭能量的读者，那么你一定很快就被这套书吸引，因为它在家庭理论之外，会带给你一场更加直接的幸福体验；如果你原本并不熟知萨提亚的家庭能量秘密，它也同样可以为你打开一扇通向宁静的内心之窗，让幸福之光照入你的心灵，永驻于生命之中。

文 / 于彬

序一

维吉尼亚·萨提亚（1916—1988）是真正“家庭治疗”的先驱。当她还是一名年轻教师时，就致力于帮助整个家庭而非单个学生解决问题。她拿到芝加哥大学社会工作专业的硕士学位后，更专注于整个家庭的工作。不同于当时心理治疗领域所流行的对“个体”的关注，萨提亚开创了“家庭治疗”的先河。二十世纪九十年代中期，一项重要的研究评价她为“本世纪最具影响力的治疗师”之第五位，与荣格和罗杰斯比肩。她也是西方世界享有最高荣誉的十位治疗师中唯一的女性。

如今，萨提亚的学识（即“萨提亚模式”）在中国广为流传。她的理论思想虽然看起来简单，却十分有效且内涵丰富。例如，萨提亚教导我们，我们都是同一宇宙生命空间中独一无二的存在，我们在同一时刻既是独特的又是无差别的；从本质上讲我们都是积极向上的能量体，并拥有管理自身生命发展的全部内在资源；我们都具有高自尊，能够对自己的人生负责，同时能够与自我以及我们生活的外部世界和谐共处。

和中国人一样，萨提亚认同“三代家庭”模式的重要性。在这样的家庭中，孩子可以通过父辈言传身教的爱、接纳与关照去学习和经历自身的内在成长，父母也因被激励成为孩子的榜样而具有高度的责任感与自尊。

像中医一样，萨提亚将其系统思维带入治疗方法之中，以帮助人们变得更健康、更快乐和更成功。家庭是我们成长和治愈伤痛的主要系统，亦是我们情绪问题的主要来源。

萨提亚是世界性的导师，实践着她的所言所行，且知识渊博。除了她的理论著作，她出版了这四本书以帮助那些想要更好地认识与管理自我、与他人建立联结的人。萨提亚坚信，人都是有价值的，并且能够照顾好自己。她有一套与人联结并鼓励他们照顾好自己的独特关怀方式。这四本书各自有着特殊的价值，能够帮到那些相信自己值得过得幸福的人们。所以，在中国文化背景下，这四本书所传达的信息对读者大有裨益。

例如，冥想时，萨提亚通过教导人们反思自己的内在进程、感受自己的生命能量来让自己获得内在的平静，并聚焦于新的、积极的可能性。《沉思冥想》中这些简短的言语冥想和激励可以帮助读者进行自我觉察，主导自己的内在世界。它们能帮助我们更好地准备自己、迎接未来，可以作为晨起的习惯帮助我们清理思绪、迎接工作。书中所见的绝大部分冥想方法，都是萨提亚在培训的开始和结束时会用到的。我建议读者在快速阅读完该书后，再从头品味一遍，每天早晨从中选出一到两种冥想方法，花几分钟时间去思味其中所传递的信息。

《尊重自己》中“我就是我”这首诗美妙地表达了对每个生命的独特性的赞美和欣赏，它意指所有关于你的一切，包括你的身体、你的思想、你的感受，你的成功与失败。即使你不了解自己的全部，也要爱自己。接受那些适合自己的，抛弃那些不再适合自己的。我希望你们能经常读读这首诗，逐渐内化它所蕴含的意义。对“我是谁”的认识越深入，我们就越能与自己和他人和谐相处。

《心的面貌》是将自己看成由不同部分组成的一个完整个体。其中包括我们喜欢的部分，我们不喜欢的部分，我们将之隐藏的部分，以及我们想要展示的部分。随着你对自己的认识越来越深入，你会发现，这些不同的部分之间会时有冲突。此时，不要在冲突中驻足，再深入挖掘每一部分，找出其中那些好的意图和积极的渴望。每一部分都是在表达你自己，或是邀请你让生命变得更有意义、更加均衡。仔细倾听。早期的信息并不总是很清晰，每一部分所传达的意义都可能成为有价值的问题。

在《与人联结》中，萨提亚强调了个体层面人际交往的必要性。人与人之间的联结应该是真诚的，是开放的，是健康的。她始终信仰直接、坦诚的人际关系。我发现，中国人在谈论商业议程以前，会通过各种社会交往方式先与陌生的对方取得联系、增进了解，这也是萨提亚非常认同的。与真实的自我相联结，与自我的深层渴望相联结，并对这一渴望做出回应，是她工作的深层目的。她一直致力于此。虽然身处多重关系和角色中，我们依然是独一无二的个体。与自我联结、与他人和谐共处，就是我们生命的一部分。

我很开心为大家推荐这四本书，这十年间，我在中国的多次教学经验让我相信，这四本书对于那些寻求更深入的自我了解、内在平静与和谐的人，以及寻求人际和谐的人，甚至我们所有人而言，都是十分及时的。

文 / 约翰 • 贝曼

2014 年 6 月

序二

自 1983 年跟随维吉尼亚·萨提亚大师学习至今，萨提亚模式已陪伴我三十余载。学习萨提亚之前，我的状态并不好。初入香港萨提亚课堂时，我还不是很清楚她到底在做什么，但我仍一步步地跟随她及其三个徒弟（John Banmen，Maria Gomori，Jane Gerber）学习，为了救自己，帮助自己成长。慢慢地，我得以释放自我，接纳自我，并重获了多彩的生活。

我致力于将萨提亚模式引入中国大陆发展，是因为萨提亚模式已成为我生命中不可或缺的自助助人的好伙伴，它不仅能够很温柔却很敏锐地直指问题的核心，更具备自我重塑与生命关系转化的神奇力量，进入萨提亚课堂的人，都能在这一力量中重新认识自我，迈向新的人生阶段。

萨提亚是个很聪明的人，她学习了很多心理治疗的方法，观察了几千个家庭的沟通方式，并发展出了一套自己的理论体系。她认为人的一生中有两个家庭，一个是我们从小长大的家庭，有爸爸妈妈和兄弟姐妹，叫原生家庭，另一个是我们长大以后结婚成立的新家庭。一个人与其原生家庭及其成长经历之间会有难以割断的联结，将影响其一生的发展。

每个人与生俱来就对父母和世界有强烈的渴望——渴望被爱，渴望沟通。但当我们的渴望未被满足，当我们被失望、悲伤、愤怒的情感困扰时，我们是否能对自己的内在有所觉察？当我们抱怨或者发泄时，我们是否能够意识到那源于内在的不满足？我们是否有对自己所有的情绪、行为、语言负起责任，从而获得和谐一致的生命品质？内在和谐，人际才会和睦，世界才会和平。改变永远是可能的。

萨提亚给人的改变不是谆谆教导，而是自生命深处流淌出来的关怀与肯定的能量。她希望每个人都能看到生命中的期待和感受，看到真正的自我，正如她在《尊重自己》中说的那句话：我就是我，天下之大，却没有一个人完全如我，我拥有我的幻想、我的梦想、我的希望和我的恐惧。

这套“萨提亚生命能量之书”，正是萨提亚体系的能量核心，区别于其理性分析的治疗手段，这套书更像一台让生命能量重新流动与传递的启动机，它让我们回归原始自我，找回最初的生命力量。希望它能帮助所有读者重新接纳自我，体味幸福。

文 / 蔡敏莉

2014 年 6 月

序三

和诸多热爱萨提亚治疗模式的人一样，一经接触，我就深深地被她的体系所蕴含的温暖和灵动力量吸引。虽学习萨提亚体系近十年，但此次受邀写序，我仍如初学时那般兴奋不已。

想要说清有萨提亚理念相伴的蜕变历程，不是一件容易的事。我还清楚地记得当初学习时的那份羞涩和“超理智”的经验。记得在第一次的萨提亚课堂上，治疗师用道具和角色扮演摆出来访者的创伤雕塑时，在场的每个人都被震撼了。治疗师那尖锐中充满悲悯的语言，深深地触动了我的心。我的喉咙发紧，眼睛开始潮湿，但我拼命地提醒自己，不能让眼泪掉下来。

尽管当时完全看不懂治疗师在做什么，我还是用尽脑力搜索记忆中储存的相关专业名词，试图用我顽强的理性堤坝去阻隔那即将喷发而出的感情洪流。之后，经历了一个漫长的混乱期，经过了数不清的眼泪冲刷，当笑容轻轻地在脸上绽放时，我不再纠结悲伤和喜悦哪个在智能上更深刻，哪个更高尚。

尽管我深知有许多业界前辈对一代宗师萨提亚的理论体系有着深刻的领悟和浓烈的爱，我还是乐于分享我在实践萨提亚模式中所获得的直接感悟。在治疗师和来访者的工作情境中，萨提亚强调咨询目标应以导向成长为优先考量，症状只是人们在应对成长压力时的惯性解决之道，从而打破了应该和不应该的局限，更是超越了好与坏、对与错的表面意义。她对天然力量的感应与敬仰，体现在她对“人类来自宇宙生命能量”信念的确认上。萨提亚治疗体系的任何一个理论和工具，无不沁润在这种精神之中，即将来访者的内在成长推向更加柔软、更加开放、回归自然本源的方向上。

读萨提亚的书，我能感受到她的精神中洋溢出来的温暖和肯定的力量。她独特的语言如春风化雨般，句句打开心扉，拓宽感知的触觉，精细而流畅。她宽广而又慈悲的心灵，是那样轻而易举地沁入我们心底的渴望，像是与一位等待多年的老友相逢般亲切、畅快。

此次由世界图书出版公司出版的这四本萨提亚女士的图书，将带你领略萨提亚作为天才的沟通大师的超凡直觉力，并会一步步指引你找到内心深藏的丰富资源，用来自你本质的声音唤醒你忆起“我是谁”，并将生动、完整的生命形象印刻在你的意识之中，进而创造出更加积极、坦诚、美好的生命体验。

文 / 郭晓洁

2014 年 6 月

自序

我周游这个世界、旅行教书已有四十年，接触了各行各业的人。有很多人来找我，希望我帮助他们解决生活中的问题，他们希望学习如何与别人相处得更好。我经常被问道："维妮，你帮助我发现了隐藏着的美好事情，你能否把这些事情的发生经过写出来？"现在，类似的反馈愈来愈多，使我不能再忽视这个要求了。

我一方面接受这些感激，同时觉得受之有愧。于是，许多记忆在我脑海中浮现，这些都是我和他们一块儿经验的事情，我曾为他们研发出许多自我成长的方法和步骤，再由他们自己冒险地拾步而行，并由此得到他们所期望的"改变"。

我曾是那么小心而且耐心地引导整个过程。

当人们开始面临痛苦和不稳定时，改变的时机就到了。而改变的方法以不伤害个人的自我价值为前提时最能生效。这本书并非要作为他们的代言人，只是当我读这本书时，我会记起自己和他们一起经历的过程：接受他们的情绪，帮助他们开启新的可能和机会，与此同时也为我自己找到了新的方向。

在这本书里，我尽量用最简单、最直接的方式来表达我的意思，希望读者也可以用如此态度来看它。

而这本书正是每个人生命中“所有的可能性”的架构，我想每个人都需要打开人生中的各种可能，我相信这个架构是可以应用到全人类的。

读者可从这个架构中选择适合自己的，并使它更鲜明地存在于你的生活中。

我所呈现的，

是以普遍的人类经验为背景的。

我们出生时皆渺小，

且属于某个特定的男人和女人。

在出生时与当下之间，

我们都累积了

大量的人生经验，

这就是众所周知的我们的过去。

在一定意义上说，

我们到目前为止做的所有事情

——如果你还活着的话，

都有其特定的作用。

问题是：代价是什么？

而这一代价能不能更低一些？

目录

联结

“联结”不是一场你赢我输的游戏，也并非可以永远快乐下去，而是我们可以很坦诚地生活，很有人情味地与他人分享。以人为本，予人关怀，这才叫“联结”。联结能整合身心，培养自我价值，加强你与自己、与他人的关系。

有联结的人生，需要了解自己，需要与人交往，二者都需要以相当的耐心来达成一份人生智慧。

越是与自己、与他人有全然的、充分的联结，我们越能感觉到爱、价值感和健康，并会更加明了如何有效地解决我们的问题。

我有一首小诗，名为“我的目标”，用以表达我是如何做的。

我的目标

我想要爱你，而不控制你；

欣赏你，而非评断你；

与你一起，而不侵犯你；

邀请你，而非强求你；

离开你，无须多言歉疚；

批评你，而非责备你；

并且，帮助你，但不看轻你。

如果，我也能从你那里得到相同的，

那么，我们的相会就是真诚的，

并且，会丰盈彼此。

与人联结同时包含两个人及三个部分：自己与自己联结、对方与对方联结、两个人彼此联结。

让我们来看看生活中很熟悉的图画。

嘴里说的是：

“你是怎么了？”

心里想的是：

“天啊！

她看起来好像很生气，

我一定做错了什么。

但是，

如果她真的爱我，

就不应该是这个样子……”

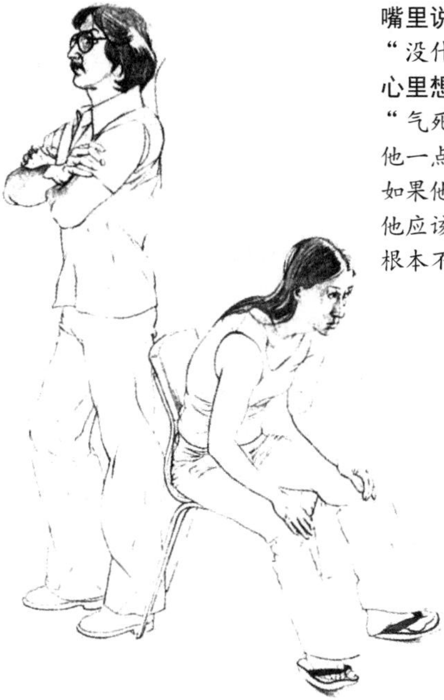

嘴里说的是：

“没什么啊！”

心里想的是：

“气死人了，

他一点儿都不关心我，

如果他真爱我，

他应该知道我心里在想什么，

根本不必多问。”

你想，他们在这种情况下，一个钟头内会发生什么事？

像这样的外在谈话会不断地延续下去。

我所旅行过的四五十个国家，虽然各具不同的文化、不同的生活方式、不同的社会阶层，可是我看到他们拥有相同的上述对话。我不禁想道：这真是全人类共有的沟通方式。

这不会是遗传吧？不！这是我们学来的。那么，在我们生命中的每一个时刻，我们所处的每一个地点，都有改变的可能啊！只要你有改变的意愿，就一定会产生一些新的东西。

看看这张图，他们之间的谈话未能提供给彼此有效的信息，他们的联结中包含了很强的攻击性。

一个人内在的感受和外在的表现往往有很大差别，人们常常会感觉内心寂寞、被拒绝且无助，认为没有改变的可能。

那么，人与人之间要如何交谈才能彼此表达出这种内在的想法呢？

看看他们的姿态：背对背地，一个站着，一个坐着。其实他们的身体姿态已经明确表达出了他们的内心感受。

不但如此，他们中没有一个人能够准确地体会到对方的感觉，所以只好彼此猜疑，而这种猜疑往往是人际关系中消极的那一面。

事实上，这就是人与人之间戴着面具的关系。

这样传达出来的信息会是：两个人都不认为对方的话是值得听的，也觉得没有必要去发现对方真实的需求。这样一来，双方便各自出现一个念头："谁关心我！"——这是多么大的负面心理！

在第二幅图中，虽然面对的是同样的情况，但双方使用了完全不同的方式处理。

首先，他们的姿势是面对面的，视线相对，身体彼此靠近着，因此他们有机会去真正看到、听到对方的需求，之后述说自己内心的想法，而这使得他们外在的表现都能够与真实的感觉相一致。

这种情形下，面具是不被需要的，"谁关心我"这种念头也不会出现。彼此坦诚更促进了双方的爱意，且不会伤害到彼此的自我价值，尽管有时可能会感觉有点怪。这种情形下，他们可以致力于建立有效的联结，使彼此更加亲密。

伤害某个人的自我价值，就等于破坏了建立良好联结的机会。我为自己和来访者设立了一个目标，就是在访谈中保持自我价值，并加强他人的自我价值，这样彼此才能建立起良好的联结。

人们常会不小心伤害了别人的自我价值，而且大多都是无心所为。自我价值是人类生存的根本，也是人自由自在生活的一个前提。

为了使自己与他人建立起良好的联结，我们要设法加强彼此的自我价值。至于如何让一个人的自我价值得到提升，又如何让他能够自由自在地生活，我又写了一首小诗。

（与人面对面而坐，相对注视，彼此相距大约一个肘臂的距离，这样比较容易建立联结。）

“怎么了？你这样坐，
这样盯着我看，
我觉得很不舒服，
我究竟做错了什么！”

“天啊！
并不是你做错了什么，
我只是一厢情愿地希望，
你是我肚子里的蛔虫，
知道我在想些什么。
其实，我也不习惯自己这样。”

我是我自己

在这个世界上，

没有一个人完全如我。

某些人有某个部分像我，

但，没有一个人完完全全地像我。

因此，从我身上散发出来的每一点、每一滴，

都那么真实地代表着我自己。

因为，这是“我”选择的。

我拥有我的一切——

我的身体，和它所做的事情；

我的大脑，和它的所想、所思；

我的眼睛，和它所看到的；

我的感觉，愤怒、喜悦、受伤、爱、失望、兴奋——不管它有没有流露出来；

我的嘴，和它所说的话，礼貌的，甜蜜的或粗鲁的，

正确的或不正确的；

我的声音，大声的或小声的；

以及我所有的行动，不管是对别人的或对自己的。

我拥有我的幻想、梦想、希望和畏惧。

我拥有关于我的一切胜利和成功，

一切失败和错误。

因为我拥有全部的我，我能够

和我自己更熟悉、更亲密。

由于我有了这些，我能够

爱自己并且友善地对待自己的每一部分。

于是，我能够做我最感兴趣的工作，

我知道某些困惑我的部分，

和一些我不了解的部分，

但，只要我友善地去爱我自己，

我就能够有勇气、有希望来解除这些困惑，

并发现更好的自己。

然而，任何时刻，我看、我听、我说、我做、我想或我感觉到的，都是我的。

它如此真实地表现了那个时刻的我。

等时间流过，我再回头看，曾经我所看的、听的、说的、做的、想的或感觉到的，

有些可能已经改变了。

我能够丢掉一些不再适合我的，保留仍然适合我的，再创造一些新的。

我能看、能听、能感觉、能思考、能说，并去做。

我有办法使自己活得更有意义，更亲近他人，使自己更丰富，更有创意。

我拥有我自己，

因此，我能驾驭我自己。

我是我自己，

而且，我完全可以做到。

这首诗所表达的就是我所认为的自我价值。

有人会说："这听起来很简单呀！有什么难以做到的呢？"

让我们来看看我们现在正在做的事情，我们可能已经这样做很久了，对我们来说，这些事情是很熟悉的，也许已成了习惯，常常都不自觉。很多人说："我就是这个样子！我无法改变！"

是的，凡是你非常熟悉的事都很难被你发现，即使它是令你痛苦或烦恼的事，你也很难放手。

你是否听过这样一个故事：一个犯人坐牢二十年后被释放，但他恢复自由几星期后却要求再回到监狱里去。因为对他来说，外界太不熟悉了，监狱才是他所熟悉的。当然，这是个极端的例子。

有人或许还会问："加入一些新的东西就会变好吗？"答案是：除非你试了，否则没有人会知道。

有人明知道自己应该养成一些好的习惯，而且他们完全有机会改变，却总是因为要和已往熟悉的安适做斗争而止步不前！人一旦离开了自己所熟悉的，就如同掉入未知的情境中，而这种未知正是我们所恐惧的。

当一个人放弃熟悉的习惯而面对未知的情境时，这个改变的过程会带来痛苦、焦虑和不安全感。

关于加强安全感，有一个很重要的认知是：我们不需要多长一条腿，或改变我们的肤色，或成为一个百万富翁，或改变年龄、性别，或找一对新的父母使你重获新生，我们只需要改变自己的态度，并学习一些新的技巧。

我们所需要的这些，其实你已经拥有了，只是我们还要去熟悉它，了解它，扩大它，使用它。

想要加强我们的自我价值，只要有一个意愿就行，那就是开放自己，愿意让自己尝试新的可能。去尝试，如果它适合你，就接受它，使用它，直到它成为你的一部分。

这一切过程都从一个端点开始。我又写了一首小诗，名叫“五种自由”。

五种自由

自由地去看、去听，而非考虑应该如何去看、去听。

自由地表达自己的想法，而非思虑应该如何去表达。

自由地去感觉，而非告诉自己应该如何感觉。

自由地说出自己的期望，而非总是等待对方的许可。

自由地根据想法去冒险，而非总是选择安全妥当的路

而不敢晃动一下自己的船。

一致性

谈到改变，首先要坦诚面对自己的情绪。一个人在情绪上对自己坦诚，就等于拥有了一颗与别人联结的心，我把这种坦诚叫作一致性。

很悲哀的是，许多人把掩饰自己的真情实感视为理所当然，自然也就无法觉察到其他的可能性了。他们将自己的所作所为视为应该做的事，结果也就得到了一些不必要的痛苦。

一致性的达成是完全有可能的，要相信这一点。

想要达成一致性也是一件相当冒险的事。怎么是冒险的事呢？你必须做一些你从来没有做过的事，或用全新的方法去做同一件事。

举一个新娘初次煎牛排的例子。有一个新娘第一次煎牛排，她把牛肉很仔细地切成两块，然后分别放到锅里煎，新郎看到后很惊讶地说："你为什么这样做？"她回答："就是这样做啊！我妈妈就是这样做的！"新郎知道自己并不擅长烹饪，但他很怀疑新娘这种理所当然的说法，决定弄个清楚。于是他去找岳母，发现岳母的确是这样处理的。岳母知道新郎的疑问后，很风趣地解释说："噢，天呐！我经常要做给那么多人吃，而身边只有一只小锅，所以只好把牛肉切成小片分着做，这样小锅才容得下啊！"

刚开始你会觉得改变是件很费功夫的事。的确，如果你要求马上改变，或希望立即使用一个特别的方法，那确实是很费力的。但是，如果你把它分成阶段一点一点地去做，并且采用最适合你的方法，那就容易多了。

当我尝试去改变时，我会从四个方面来看：

1. 我觉得我自己怎么样？（自我价值方面）

2. 我怎么让别人了解我？（沟通方式方面）

3. 我怎么对待我的感觉？（行为规则方面）

我拥有自己的真实的感觉吗？还是我把感觉给丢一边儿了？

我的一切作为是不是跟随那些非真实的感觉而产生的呢？或者，虽然我清楚自己的真实感觉，却没有理会它呢？

4. 对于新的、不一样的事，我要如何反应？（冒险性方面）

这四个方面中任何一个方面的改变，都会影响到其他三个，所以我们可以从其中任何一个方面着手改变。

下面的图示说明了这四个方面是如何关联在一起的。

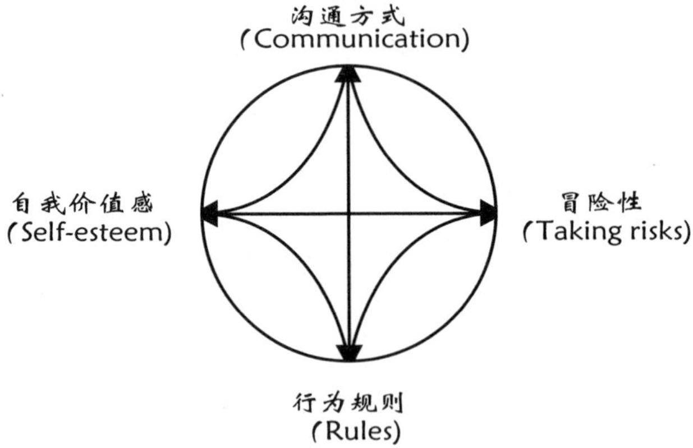

你想改变你的行为规则时，就会牵动你的自我价值感、你的沟通方式和你的冒险性。

你想改变你的沟通方式时，也会牵动你的冒险性、行为规则，和自我价值感。

你想改变你的自我价值感时，也会牵动你的沟通方式、冒险性和行为规则。

你想改变你的冒险性时，也会牵动你的行为规则、自我价值感和沟通方式发生改变。

从任何一个方面着手，你都会有些改变，因为每一个部分都会影响其他部分。这有点像车轮，你推动了其中的一个，另外的几个也会跟着动起来。人们会害怕这种事情的发生，因为原有的平衡受到了干扰，但一个新的平衡终会形成。

我们的每一个部分都有无限的可能性，一旦我们开始改变，就必须不断地滋养它，我们会变得越来越可爱、富有创意，更能和自己或他人建立真实的联结。

人是不容易死的，“活下去”的意愿是强烈的。每一种沟通方式都包含了个人很强烈的自我存在的力量，我用“存在”这个字眼意味着每个人所做的事都是有其意义的。

那么紧接着有一个问题是：有没有更好的、不威胁到我们的身体、我们的关系和我们的灵魂的生活方式？我想是有的。

当人的存在没有达到一致性状态时，他与别人的关系就会演变为只论输赢的游戏，他也就失去了与他人建立良好关系的机会。

如果一个人一直在玩这种输赢的游戏，那么他的人际关系的动力已经被扭曲了。

我们是不是很少听人这样说：

“他真能坚持信念，言行合一。”

“他是个有勇气表明自身立场的人。”

“他具有承担风险的胆量。”

这其中蕴含着一股力量，令人臣服，却不具破坏性……

人人都需要感受到自身的这股力量，因为有力量才能生存下去。这是我们人际关系的动力，我们大多数人的人际关系就是应此需求而生的。

人人都需要感觉到自己是有力量的，感觉到自己活在这个世界上是强者，这就是自我价值感。有自我价值感的人，会坚定自己是个强者的信念，会感觉自己是受人重视的。而为了拥有这些感觉，我们需要对自己有责任感，来培养和创造这个信念，使我们与他人在相处中能够获得这些感觉。

有的人害怕具备这种力量，因为对他们来说力量是一种压力。而我的想法是：力量是一种可以被运用的资源，它可以导向正向或负向、毁灭性的或建设性的结果。这要看我们自己如何抉择。一个有自我价值感的人会选择拥有人际关系的正向动力，能够生活在我前面所提到的“五种自由”中。

人际的动力和资源

人际的动力和资源能使人精神饱满、活力充沛，大多数人也知道如何利用这种动力和资源来成就自己。

有了动力就有契机建立起人与人之间的关系，这也正是大部分人的期望，但是，也有很多人放弃了这样的动力和资源。这话怎么说呢？

当两个人互动时，每个人至少有两个方向：一是让别人能给自己回馈，另一个是自己能够对别人做出回应。真实的联结就是指在这两个方向上都有互动，而且结果是一致性的。

如果你认为，自己的行为需要仰仗别人的态度而定，那就等于把自己的力量交到了他人的手中，就好像说：“你使我活下去”“我的生死你要负责”。

前一句话听起来还算正向，后一句话听起来就较为负向了。事实上，它们表示的是同一件事：我把我的动力交给你了。在这种情形之下，人与人的关系是：一个人高高在上，另一个人低低在下。而这不可能产生人与人之间真实的联结。

构成真实的联结的方法就是沟通。

沟通简单的定义就是：两个人之间信息的传达与接收。其活动包括：

1．你要表达的信息是什么？

2．你是如何传达你的信息的？

3．你的信息是如何被接收到的？

4．当你的信息送出去或被接收到后有什么结果，这对你们之间的关系会有什么影响？

我想起一句老话：沟通之于维系人际关系，正如呼吸之于维持生命……

通过这句话我们便不难理解，为什么很多人际关系中会有那么多痛苦。

每一个人都必须呼吸，每一个人也都在沟通，问题是如何呼吸、如何沟通，以及呼吸、沟通后的结果如何。

一个常自暴自弃的人，还没学到如何生活在前述的那“五种自由”中，其生活中的沟通姿态通常有下面四种：

讨好型

指责型

超理智型

打岔型

这四种沟通姿态经年累月下来会对我们的身体产生负向的影响，甚至引发破坏性行为、死亡、疏离感或挫败感，非常影响对人际动力和资源的运用。这四种沟通姿态将会降低我们与他人交往的能力，阻碍对人生梦想的追求，增加我们的恐惧和依赖。

这四种沟通姿态都是我们在成长过程中经由生理和情绪途径学来的。

我们曾仰仗这些沟通姿态而得以生存，也经由它们把人际动力递送给别人或干脆隐藏起来，不给予他人任何反馈，而这都曾是为了保护我们的自我价值感。

你是否用过讨好型的沟通方式呢？有没有为了使自己在他人面前活得自在些而逢迎人家呢？

你是否用过指责型的沟通方式呢？有没有在某些时候强迫别人遵从你的意见，好让自己得到些安全感呢？

你是否用过超理智型的沟通方式呢？有没有常常用长篇大论来强迫别人听，使得别人厌烦、头疼从而不再对你表达真实感觉了？

你是否用过打岔型的沟通方式呢？有没有说一些风马牛不相及的事，从而使情境变得更加混乱、无济于事呢？

你尝试过使用一致性的沟通方式吗？让他人知道你在哪里，是什么样的一种状态，是能够被信任的。

现在，让我们从人际动力的角度来分析这些沟通方法。

讨好型的动力

当一个人说“亲爱的，只要你快乐就好”时，他内在的真正感受是歉疚的、可怜的和被轻视的。此时，他不可能与他人建立起彼此喜悦的联结。

而当对方也感觉出这种歉疚、可怜、轻视时，也不可能与其真实地亲近。

讨好型的口语内容：

心里认为：
我必须讨好每一个人，
这样别人才会喜欢我。

内心深处的感受：
我真不讨人喜欢。
（我的胃在痛）

指责型的动力

当人们用指责型的沟通方式说“你真笨，老是做这种蠢事”时，其实内心真正的感觉是害怕的、无助的、敌视的。此时，他不可能与他人建立起喜悦的联结。

而如果你觉得对方是可怕的，自然也不会想去与他建立联结。

我们可以批评他人，但不需要用指责的方式。批评虽然不是件让人快乐的事，但它是人类生活中必然存在的现象。

指责型的口语内容：

你从没做过一件对的事！

心里认为：
没有人关心我，
我不这样大喊大叫，
就没人把我当人看。

内心深处的感觉：
我真不讨人喜欢。
（我觉得身体绷得紧紧的）

超理智型的动力

“维持平衡是很重要的，你必须为失去平衡而付出相当的代价，根据最近一个报告……”如果你用这种方式与人沟通，事实上，你的心里是自卑的。

当人们用冗长的话语、无数的解释、众多的参考资料来和别人沟通时，内心很可能是感觉自卑的、愚蠢的，人们这样子做常是在逃避，拒绝与他人亲近的机会。

虽然聪明对人类来说是很重要的，但我们必须清楚：你沟通的目的是传递信息呢？还是只是用它来显示自己的小聪明呢？

超理智型的口语内容：

做错事自己承担，
这是天经地义的事。

心里认为：
我必须让别人知道
我很聪明、头脑清楚、
又讲道理。

内心深处的感觉：
我真不讨人喜欢。
（我觉得身体很僵硬）

打岔型的动力

“错了，错了！哦！最有趣的一句话是：所有的鸟都有湿的羽毛。”你在说什么呢？这种沟通方式在任何情形下都是不适合的，它所带出来的力量是破坏性的和歪曲的。

这种沟通方式常让人觉得失去了平衡、没有保障，刚开始大家或许会觉得有趣，但很快这种感觉就会消失，开始讨厌、生气和抗拒。

我们的生活中需要轻松和幽默，有时我们也需要改变一下自己前行的方向，但在打岔型的沟通方式里，幽默不再是有趣的了，而其内心也不能被他人所理解。

打岔型的口语内容：

唉！真不对劲！
咦？我的铜板怎么不见了……

心里认为：
我一定要做点儿什么
才能引起别人的注意。

内心深处的感觉：
我真不讨人喜欢。
（我觉得身体挺不起来）

我相信人们的这四种沟通方式是在成长过程中学习来的，并且，是其目前所知道的最好的生存之道，因此它是值得我们尊重的。所以，当你读完上述沟通方式而发现你也在使用其中的沟通方式时，不要泄气，请别藐视自己，而要尊重自己。

我在经验中发现，当人们不太注意自己内心的感觉时，就会无意识地应用这些沟通方式来相处，而有些人即使对此有所觉察，仍不愿或无法脱离老巢穴。这就像一个人第一次尝试自我录影或录音，当他们看见自己的面容或听见自己的声音时往往会惊讶，同样地，沟通方式的转变也必须经过这样的惊讶过程，之后才能建立起良好的、稳定的根基。

上述的沟通方式，其形成原因可能各不相同，但双方内心深层的感觉可能都是：自己不被喜欢、不被需要、寂寞、被拒绝。

人们按照这样的沟通方式生活，总是无法达到预期的有效结果。但无论如何，这都是每个人为“自我价值”增值而付出的代价。

这些沟通方式就像一些药物，它们虽然能够把病给治好，却把人的活力给“杀”了。什么意思呢？那些药是让你活着，但不是以最佳的方式活着。在这些沟通方式中，我们很自然地把人际动力送给了别人，而他们也给了我们一些反馈，我们就这样一直活下来了，可是我们活得好吗？

这种沟通方式如果持续下去，人与人之间就不可能出现“真正的联结”，这样的沟通在人际关系中发展，会具有破坏性，最后很可能导致彼此失望、不再相爱了，而自我价值感也必然不断地遭受摧残。

严格地说，世界上很少有人真正地“相遇”，真正地“联结”，很少的事情是富有创意地被完成的，而又有多少人具备十足的安全呢？假如我们能做到这样，人生将会有多么大的不同啊！

有一种沟通方式能提高自己和他人的自我价值，那就是我前面提到过的“一致性”沟通。

“一致性”的动力

“是的，我现在很生气！”

现在，一致性的动力出来了：你的语言配合着你的感觉被表达出来了，你的身体、你的表情配合着语言被表现出来了，你的动作配合着你的身体也出现了。现在的你，处于一种很和谐的状态中，因为你身体各个部分的感觉都是调和一致的，没有任何一部分被切断。

这样的你很容易得到别人的信任，不会令人猜疑，容易被人了解，从而发展出良好的人际关系，因为你是通透的，别人可以很真实地感觉到你给他们的是什么。

你也会感觉到，打开内心是令人喜悦的，并非想象中那般恐惧。

你便能够生活在“五种自由”当中了。

你更加意识到，你具有更多的选择权，你有很多机会去选择。

这种动力就像孕育在一颗种子内的生命力，它会慢慢地生长，转化为创造与发展的力量，使你的工作做得更好，使你积极地面对危险和困难。

这样的力量会使你拥有一个健康的身体、一份对环境的赏心悦目之感、一个喜悦的灵魂，并让你感觉你的生活充满意义。

去除障碍

当我们刚开始面对自己做正向的改变时，常会认为那是很简单的，甚至会说：

“当然可以——这很简单啊！”

可是如果真的那么简单，我们为什么不多做一些改变呢？事实上，在我们心中有很多东西阻碍着我们……

第三者：“他”——你碰到过“他”吗？

在我们的生活中，常有一个第三者存在，几年来“他”一直是我们生活中很不受欢迎的造访者，“他”可能叫作张太太，也可能是陈先生，或是任何其他名字。我们都认识“他”，大部分人都被教导说：你要尽力讨好“他”，否则“他”会生气，“他”会伤心的。

“大概没有人像我这么糟糕，竟然会担心成这个样子，有这么不好的感觉，有这么过分的想法……如果我把这种感觉说出来就等于杀了我一样，我很可能因此被赶出这个社会……再说，‘他’一定不喜欢我这样子做。”

其实你不想这样做是因为，即使你真赶走了“他”，还会有另一个“他”出现……你已经习惯了这样的生活。

认清旧规则

大部分人从小就学习到一套规则，除非我们能有意识地改变那套规则，否则我们会一直使用它。

这些规则就像严厉的老板，他们强迫我们绝对地服从——问题就在这里，它们其实并不完全适用于我们的生活，因为生活的情境是不断变化的，而我们需要的是引导，不是规则。

有趣的是，大部分人却希望依靠这些不切实际、没有人情味的规则来生活，而当你发觉这些规定一直在支配着你时，又觉得很罪过，或很愤怒。

这些规则例如：

你一定要把盘子内的东西吃完。

你绝对不可以随便乱来以免发生危险。

你绝对不能乱说话，要有把握再说。

你绝对不要和长辈争论。

你一定要在六点半准时把垃圾扔出去。

你应该对人保持微笑。

你刚开始学习这些规则是为了应对某一个特殊情境，但久而久之，你就将它套用在每一个情境中了。

只要你注意生活中那些“一定要”“绝对不能”“应该”和“当然是”等，你就会发现你加诸自身的那套规则是什么。如果你靠这些来生活，我敢保证你得到的是失败的经验，并且很容易对别人生气。

我们来做个练习：把你的规则全部写下来，所有你想到的，包括幻想。然后我们从你所写下来的规则里面寻找一些新的东西，让你的规则变得更有用、更有人情味，使它更适用于你现在的生活。

我们用一个生活中常见的规则作为例子：

绝对不要和长辈争论。

我们把这句话衍生开来会变成：

我必须永远不和长辈争论。

这句话可以改变成：

我能够永远不和长辈争论。

再改变成：

我能够偶尔和长辈争论。

再改变成：

我能够偶尔和长辈争论，当我经过选择而有相反意见的时候。

这样可以吗？

你所改变的每一小步都代表了一个层次的冒险和一项新的学习，你由此改变了你的生活。

最后一小步的改变给我们带来了更有人情味的引导，帮助我们在情境中发现自己，更自由地抉择。当你看到了处在情境中的自己时，就能够加进去自己的东西，便能运用这个情境了。如果对争论加上一个很好的“引导”，对你的生活而言是很有用的。

如果你生活在那些旧规则中，你很可能得溃疡类疾病，而且自己也觉得自己呆板、不可爱，这都源于你不想让父母失望，因为你的那些规则是从他们那里学来的，但是大部分人都不希望自己一直活在旧的规则中。

我再告诉你一个事实：其实你的父母也未必希望你活在旧的规则中。

当你的父母指导你时，他们自己可能也觉得不安，因为有时他们彼此的意见并不一致。虽然当你和他们争论时，他们的内心会泛起初做父母时的那种彷徨无助的感觉，而争论使这种感觉更明显了，但更多时候父母对彼此间的意见不一致更觉得不安，在这种无奈之下对你的教导，他们未必希望你奉行它们一辈子。

生活在可怕的幻想中

大部分人都会有幻想，且多半是担心可怕的事情发生。我们常忙着幻想，而忽视了身边的现实。

假设你六点钟有一个约会，而你真正到达约会地点时已经是六点半了，在这半个小时里，你内心所交织的那些恐怖幻想，可能已经把离婚、被抛弃或住进医院的事儿想了个遍。

“我迟到了……”

“他会怎么想……”

“他一定会生气的……”

“他从来不迟到……”

“他可能抛弃我、离开我或骂我……”

但是，接着你会想：

“我已经那么尽力了，他怎么可以这样对待我？”

再紧接着，你会回想起那个人曾经待你的种种不好，甚至世界上其他不好的事情也都浮上心头了。

“他总是骂我。”你仍在想。

此时，你已经经过了两个红灯，还差点儿撞上一个行人，然后突然间想起你的皮夹落在家中的桌子上了！而最近的停车场好像也满员了，但事实上，由于你的心情太激动了，以至于你忽视了指示牌上的话：未满。当你终于赶到约会地点时，你发现你的朋友还没来……过了一个小时他还是没来……于是，整个事情令你气愤万分，内心瞬间被一把大火充满……

约会的准时与否并不能作为对爱的验证，准时当然会给双方都带来方便，但有时我们没有把时间控制好虽然会带来些许不愉快，却不至于到决定生死的严重程度。你不妨算算看，你为这种愚蠢的事情曾付出了多少身体、心理和生活上的代价！

你便不难发现，这些事情在我们的人际关系中，曾增加了多少困扰。

我的过去

想想自己的过去……

每个人都能从过去的经历中找到支持自己一路走来的东西。

那里面，也许有：

“我总是脆弱的。”

“我永远不会成功。”

的确，我们的过去决定了我们现在的生活，过去的经验对今时今日的我们仍然具有强大的影响力，但若因此而认为我们的现在或未来是无法改变的，那将是非常错误的。很多人认为自己过去那么多年辛苦的经营也不过换来了今天的生活，所以未来的日子或者说命运也不过如此罢了。

很自然地，如果我们仍然以此而活，照着以往所学继续过日子，那么生活的确不过如此了。那是因为生活内容的不断重复并没有为我们带来新的所学。就某些人而言，这样是行得通的，因为他们以前所学的很管用，也就没有改变其生活的必要，但就其他人而言，他们以前所学的真是糟透了，那么改变就是必需的。

事实上，我们在任何时刻都能学习一些新的东西，只要我们适当地运用身体和头脑就能学习到。

如果我们能够转变一下对事情的看法，或者变动一下我们做事的方法，结果会是非常不同的。试试看。

还有一句我们需要经常问自己的话：

“我的过去是给现在的我以启示呢？还是阻碍了现在的我的发展呢？”

比如：我有没有活在当下的情境中？现在的我已经四十岁了，但仍然和五岁时一样，会不断地经验新的东西，然而，我有没有依然凭借五岁时的生活经验而在“当下的情境”中过活呢？

认识那些刺耳的字眼儿

在日常生活中，总会有一些刺耳的字眼儿让我们一听到它，就像看到了红灯一样，因为它勾起了我们过去的某种情境感受和情绪，而这又很可能是与痛苦、侮辱和羞耻相连的。于是，我们便会自动地照着过去的经验来应对眼前的这个情境，就好像过去的情境再度发生一样。

我们能够认识到，同一个字眼儿对于不同的人来说其意义可能是不同的，而这常是导致一些不必要的身心伤害的原因。

正因这种反应会自动发生，所以常常延误甚至破坏了我们与他人联结的机会，而且并未给我们机会去觉察每个人所敏感的字眼儿。

在好的联结里，相爱的人们必须去认识这些字眼儿的意义。先弄清楚这些字眼是什么，然后避免使用它们，或干脆弃之不用。当人与人之间弥漫着善意时，沟通的情况就会自然变好，而当人与人之间存在间隙时，这些敏感的字眼儿又会很快出现。

让我们找出那些使我们以及我们所爱的人觉得刺耳的字眼儿，看看它们到底是怎样发生的。

假设

假设是很难避免的，有不少人并未觉察到自己所做的假设，反而把它当作了事实。

在生活中，我们不可能每时每刻都对自己以及所处的现实状况完全清楚，但当心中有所疑虑时，就要勇于去澄清那些自己既定的假设，以改善沟通。

很多人似乎并不清楚，我们的想法大部分来源于一些既定的假设，有时甚至会将其混淆为事实。如果你能认识到这一点，就会易于觉察自己的想法，并借以向别人澄清自己的原意。

"我是在假设……"

“……这样是正确的吗？”

“你基于什么观点来下这个结论的呢？”

这些话语能够帮助我们澄清彼此的假设，并找出对方的原意。

如果我们能够一起澄清这些假设，那么误解与不愉快就会消失。

“我说的是……” “你听明白的意思是……”刚开始这样做你可能会觉得很累，但是弄清楚别人听到了什么是非常重要的，尤其当你心有疑虑的时候，毕竟即使是同一种表达在两个人听起来也可能有着非常不同的意义。

了解别人是不容易的，因为有时他们的语气太委婉，或者他们的语意不够清楚，而且当我们没有听懂对方的意思时往往还会觉得自己被忽视了，在这些情形下，只有打开自己，才能澄清关系中的误会和疑虑。澄清是当事者的重要任务，因为之后所有的事情都是从这里产生出来的。我宁可被认为是无知的，也不要做一个傻瓜，所以需要冒这个险。

如果这种事情出现，我会要求对方再说一次，我通常会告诉他我没有听懂他的话，但我很希望听懂。很多人并不能好好地去听别人所说的话，所以产生了误解。人与人之间产生那么多误解，主要就因为人们没有好好对待这些简单的人类行为。

“我没听懂你说的话，所以我自己编造一个意思出来去问你，并且我要求你对我所编造的意思——而非你真正说的——予以反馈。”这就是我们常常做的事，即硬把自己的意思嫁接到别人身上去，构成双方的痛苦。

人与人之间的差异是无法避免的，因为从生理的角度来看，每个人都是唯一的，没有哪个人是被复制出来的。

这是件多么奇妙的事情！我们可以把每一个人依据一些共性来分类，但在全世界的几十亿人口中你的指纹却是独一无二的，也就是说，你是这一类里唯一的你。就你的指纹来说如此，就你身上的其他的部分来说也是一样的。一个外科医师可以依其所学替任何人开刀手术，因为我们身体各个器官及其部位都是一致的。

基于这个人类事实，我们与他人相遇，自然就会遇到与我们相同的，也会遇到与我们不同的。

所以，我们再也不需要这样去爱或恨别人了：我爱她，因为她像我；我恨她，我害怕她，因为她和我不同。有了这种认识后，我们就有机会去探索每一个与我们相遇的人，尤其是家人和朋友。

从这个观点看，发现相同点会让我们得到一种熟悉的安全感，而发现不同点，也会让我们兴奋，并得到新的机会去学习更多，去生活得更有创意。如果我们限制自身去挖掘那些不同点，只会减少我们成长的机会，而徒增烦恼，甚至带来毁灭的可能。

有一句老话说：

我们自然地相遇，基于我们的共性；

我们彼此成长，基于我们的与众不同。

去寻求相同点与不同点的努力，是令人喜悦的，而想要创造一曲真实生活的交响乐，一致性沟通的方式便是必不可少的。

看看自己的觉察能力

误会是很容易发生的。你坐在那儿，内心有许多感触，你常常只是觉察到自己内心的“许多感触”，却没觉察到你的表情在别人眼中是冷漠的、凝重的。你没有学会如何“觉察”外界的情况，而只是感觉此时的自己被他人误解了，于是被拒绝的感觉产生了！

你知道这种状态下，你的脸看起来是什么样子吗？你知道此时你发出的声音听起来是什么样子吗？你可能不知道，但别人会看到你的脸，听到你的声音，而他们也只能从你的表象得到一些讯息并加以猜测而已。而此时的你却在用你的内在感觉来判断全部的事情。

如果你有录音机，请偶尔把你与他人的谈话录下来，然后放出来自己听听看。如果你刚好有录像机，也不妨用一用，然后看看这些拍下来的东西，如此你才能看到他人所看到、所听到的。“这样你便有机会看到你当时所表现的和你内在所感觉的是多么的不同！这常常会让你受到很大的惊吓，不过这是一个廉价的代价，因为它能让你真正地了解自己。”

和很多人一样，你或许对压抑内心的愤怒很在行，脸上始终摆出一副快乐的面容。但是当别人真正看见你时，这种掩饰就很难维持了。当别人觉得你怪怪的而问“你怎么了？”时，你常会觉得像受到撞击和误解了一般。除非你曾经受过长期特殊的训练，才能对自己有很深的觉察。否则此时，你所期待的只是一个吻合内心情绪的温暖的微笑而已，因为你所得到的他人的反应只来源于他人对你的表象的反应。如果这种情况发生时你没办法把它录下来，那么一个很好的觉察方法是询问他们看到了什么、听到了什么。这会使他们说出他们的所想，而你得到这些信息后，就可以表达出你真正的感觉了。如此这般，你们的关系就可以保持平衡。所以，每当我觉得自己被误解时，我所做的第一件事就是问别人我看起来、听起来是怎样的，之后我便有机会去弥补一些遗失了的东西。

你拥有一切所需的工具

幸运的是，我们每个人都拥有建立良好情感联结所需要的“工具”，尽管我们还没能全部发现它们。

这些工具仿佛存在于一个豆荚之内的豆子，那就是你的呼吸、感觉、声音、姿势、经验、运动的能力、时间、空间，以及他人，在建立一个全然的联结时，你必须运用这里的每一部分，这样它们才能和谐地搭配在一起（一致性）。

我们必须了解，我们的每一个工具都需要被运用，我们也需要知道这些工具的用法——觉察什么时候该运用它们，怎样使它们保持良好状态，以及如何延伸它们的功能。

有些工具的使用依赖于我们是否“认识”它们，有些依赖于我们是否觉察到自己该如何和何时去使用，有些则依赖于我们学习或运用更好的工具时是否有“耐心”。同时要记得：除了现在我们所拥有的，还有更多的知识、更多的觉察等待着我们。学习如何与他人建立联结就像学习一项新的运动，通常对一项新的运动感兴趣是因为我们觉得它会带来好处——使我们健康、快乐，帮助我们结交新朋友。而最初这可能是由他人引发的，刚开始会很兴奋，然后我们开始设法深入：读一些我们想学的知识，向一位老师学习，向有这些技巧的朋友咨询，同时找机会观察他人是如何做的，再讨教有哪些技巧等。无论如何，我们会努力地提升自己，而且非常清楚学会这个技巧必须多多“练习”。

学习与人联结也有类似的要求。我希望本书的内容能够真正让你体会到如何与人联结，并在脑中存有一张如何完成的蓝图。

跟学习其他技巧时一样，刚开始你总会觉得别扭，学得不像，自己觉得怪怪的，这是必然的现象。你还记得你最初学开车的情景吗？你还记得你生病时的情景吗？那个时候，你想做的和你能做的事情总是不能匹配。你心中想要成为的那个形象，总和你真正的样子不同。

很少有人有幸在儿时就被教导运用人类特殊的“工具”与他人或自己联结，相反大部分人都被教导要“服从”、要“能干”。这些要求在某些时候是有用的，但绝对不能满足我们人类的所有需要。这两项教导都没有教会我们去真诚地与他人或自己联结，因此，大部分人为了建立全然的联结而运用这些工具时，就有很多新东西要学，也有很多旧的部分需要改善。

没有人天生就带着一个知道怎样与人联结的宝箱，我们都靠着过去所学来摸索，我们的父母也是如此。

如果你能觉察到过去所做的，就能知道自己现在置身何处，那么你就可以大大地称赞自己一番，因为自己已然走了这么远，同时，不妨再给自己一些鼓励，让自己改变以走得更远。

寻求改变是说起来容易，想做到却很难，在这个看似明显又简单的概念里，常常充斥着很多陷阱。

我经常会看到这样的人们，他们：

视而不见，

听而不闻，

言而无意，

动而不知，

触而不觉。

我们大部分人都为此付出了不少代价，这个代价是：你对自己或他人不再怀有善意，也没有爱意，只觉得自己没有把事情做好，且不再抱有什么希望了。

当我们处于这种状态下，心里会觉得很无助。其实我们是有办法去改善的，我们是可以重新燃起希望的。

每个人都具有学习的能力，在学习新东西时我们首先要用眼睛看到它，用头脑掌握它，再经过耐心的练习，这样它就会像受到地心引力一样，掉落到我们的身体上，融入我们

的感觉里，变成一种新的能力——除非我们自己设法阻止它，

或认为“不值得这样做”。

运用我们的感觉

我们接收外界讯息最主要的方式是运用我们的感觉器官，尤其是我们的眼睛、耳朵、鼻子、皮肤和嘴。然而很少有人被教导过如何充分利用我们的感觉器官。

看

我曾听到一个六十岁的妇人在提及她四十岁的儿子时仍然使用视他为婴儿的话语，同样的语境也可能发生在一个四十岁的母亲对她十六岁儿子所说的话语中。这时儿子的内心可能会反抗说："妈，你要看到现在的我，而不要再用从前的眼光来看待我。" 这样的错位是可能的，因为如果母亲脑海里浮现的儿子图像始终是一个婴儿，那么她“现在”所看到的儿子便仍是如此的。这将造成多么大的障碍！

人类是很可笑的，我们运用自己脑中存有的图像来看世界，而这一图像常常是根据过去的经验编造出来的，而不是依据现在、此时此刻所看到的。

除此之外，我们的眼睛还会和我们玩把戏，因为我们小时候被教导了太多的禁忌，比如“你不能看和性有关的东西……那是不好的东西……”所以当你看到了，就会告诉自己“那不是……而是……”或者干脆自己杜撰一番。难道不是这样吗？

触觉

触觉也是如此。阿什利•蒙塔古（Ashley Montagu）说人有皮肤饥渴，主要因人们有太多禁忌而不能去触摸皮肤所产生的。如果我们常常用触觉去联结我们的身体、我们的神经系统，以此去挖掘我们与人联结的满足感，以及我们的创造力——只要我们的触觉再敏感一些——我们就会意外地收获一生受用不尽的资源。手不只是我们用来工作、奖惩或性交的工具，也是我们与人联结时最可依赖的部分。

听觉

听觉与倾听相关。

你可曾注意到这个情形：当别人对你说话时，你却忙着准备你要接着说的内容，忙着弄清楚他说的是对是错，或是此时你的脑中已经被别的人、别的事情塞满了……所以你只听到了其讯息的片段，或者在某些时候给这些片断连接上一些自己过去的经验，从而引发出一些旧有的恐惧或希望。就像下面的情形：

说者：我要去买东西，要不要我帮你带些什么？

你：你还要去买东西啊！

说者：唉！要让你高兴真不容易。

你一听到“买东西”，马上联想到两天前已把所有需要的东西都买回来了，你也记得自己昨天告诉过他这件事，于是现在你一听到这话就被激怒了，因为他对你告诉他的话竟然这么不上心，你在心里暗暗地说："跟他说话真没用！……"

如果你仔细地听完他所有的话，再想想看他问你的话，那么事情就可能改成这样：

说者：我要去买东西，要不要我帮你带些什么？

你：不用了，我两天前才买过所有需要的东西，你要去买什么东西啊？

说者：哦，商场大甩卖呢！我想去买双鞋。

你：哦，那我也想去看看……

呼吸

多数人都没有觉察到自己平时的呼吸是浅且不均匀的，我建议你真正注意一下自己的呼吸。

花一点儿时间，闭上眼睛，去体会你的呼吸，它维持着你的生命，为你的身体提供着氧气。如果你这样去做，多多觉察自己的呼吸，那么你的身体和心灵都会变得更有感受性。

记得提醒自己，每天尽量多加练习，这可能只花费你短短的时间而已，却是非常值得的。

然后，看看会有什么不同！

注意遣词用字

言辞是人们建立联结的一个重要工具，也是所有沟通方式中最被广泛使用的。若人们能够在语言的使用中学会遣词用字的技巧，一定会大大提升沟通的效果。

言辞不能和一个人的视觉、语言、动作和触觉分开使用，它们是一个整体。

我们先来看看语言。语言是经过我们整个身体系统而说出来的，它与我们的感觉、神经、声带、喉咙、肺和嘴等部位都有关系，也就是说，以生理的眼光来看，说话是很复杂的过程。

我们想说话的刺激来自两个方面，一方面是我们的内心，一方面是我们对外界事物的反应。

这里有一个简单的例子。

有些什么事情要发生了……

它主要是经由感觉发生的，

然后我听到它，

看到它，

摸到它，

闻到它，

感受它，

或做出某种举动，

这些都来自内心和外界。

之后我们的头脑开始忙碌起来，忙着寻找出它们的意义。

找到意义后，这个意义在头脑中又给自己制造出感觉。

这个感觉就按下了喜悦或痛苦的按钮。

于是你生活中已有的教导、模式就被唤醒，告诉你如何去反应。

当你意识到这整个过程是如何发生的，尤其它是如何在你身上发生的时，你的生活将会发生很大的不同，你就能更亲近和了解自己了。

再谈谈遣词用字

假设把我们的脑袋比作电脑，那么我们过去的经验就像储存在电脑硬盘里，我们所用的言辞都是从那个硬盘中调用的。借由它们可以看出我们过去的经验、累积的知识、生活的规则和经年的教导。而除非我们再加点东西进去，否则它的内容就不会增加。我希望本书能带给你新的体验，往你的电脑硬盘中加入新的东西。

我们所用的言辞会影响我们的健康，它也绝对地影响着我们的情感关系，以及如何生活。

言辞是有力量的

仔细听听你自己所说的话，它是不是表达出了你真正的意思呢？十之八九的人都不记得自己在一分钟前所说的话了，但是，别人可能记住了！

下面有十个词是值得我们去注意的，我们要小心地使用它们，要怀有爱心、关切地去使用它们：我、你、他们、它、但是、是、不是、总是、决不、应该。如果你能小心地使用这些特别的词，你就可以解决许多人与人之间联结的问题。

我

很多人会避免使用“我”这个字，因为他们认为这样做好像太注重自己了，是自私的表现。这都是我们小时候被教导的事：你不能太表现自己。而谁也不希望自己是自私的。但事实上重要的是：如果你明确地用了“我”，你就会很清楚你要为自己所说的话负责任。有的人隐藏“我”这个字，转而用“你”来代替，如人们常说：“你不能这样做！”这句话常令人感觉到“压力”。如果换成“我想你不能这样做。”那么两个人的关系将变为对等的，压迫感也就不存在了。

“我”是一个代词，它很清楚地表达了自己，因为是“我”在说话，所以说出这个代词是很重要的。当你说话时，如果希望自己所说的话别人听得清楚，那么不论你要说什么，都应该很清楚地说出你的内心和你的话语之间的关系。

“我感觉这个月亮是红乳酪做成的。”

（这句话中很清楚地表示这是你看到的图画。）

若换成：“这个月亮是红乳酪做成的。”

（这句话似乎在界定一个新的事物，令人听起来有压迫感。）

人们处于危机时能否还使用“我”这个字眼，是非常关键的。“我看到……”这样的表达方式可以让情况更清晰一些。如果任何人在表达自己心智活动时能这么做，那他就能扭转很多可能发生的状况；而如果你的话语中不提及“我”，就很可能误让听者觉得有压力。

你

“你”这个字用起来也不简单，一般来讲，用“你”常会令人有被责难的感觉。

“你把事情搞糟了。”这句话如果加上“我想”就会发生很大差异：“我想你把事情搞糟了。”

如果在明确的命令或指示性句子中用“你”，是不容易产生误解的，比如：“我要你……”或“你是我想告诉的人。”

他们

“他们说……”常常是一个间接说法，这也常常是散布谣言的一种模糊方法。

“他们”也可能表示我们内心的一个负向幻想，尤其是有责备对方的意念时。

我们常听人说：“他们不允许我这样做。”“他们会生气的。”“他们不喜欢我这么做。”“他们说……”

如果你再听到有人这样说，就可以问他：“你说的‘他们’

是谁？”

弄清楚“他们”是谁，这样才不会散布不确切的消息，同时能清楚地知道所谈对象是谁。弄清楚这些，能增加每个人的安全感，消息也会变得更加具体，能被人们清楚掌握的而非模糊的言辞或令人感觉有威胁性的话。

它

这是一个很容易被误解的字，因为“它”并没有清楚地表明指代的是什么，我们必须小心使用。

你愈能把“它”所指代的讲清楚，听者就愈能减少猜测。有时候“它”代表一个隐藏的“我的讯息”，要让人了解你的“它”，你就要尽量用“我”来代替，看看结果会有多么不同。将“它根本不清楚”改成“我不清楚”，这种改变会使事情变得更容易理解，也让人知道如何对你做出反应。

“这种事情啊！它很容易发生的。”如果把这话说得坦白一点儿，大家都会更舒服些：“你说的那种事我以前碰到过，我知道那会让人觉得羞辱。”

让别人清楚地了解你的意思，能够减少很多麻烦。

但是

“但是”常被用在含有是非意思的句子中。

“我爱你，但是我希望你能常换内衣。”

这样的用法很容易让对方不安，觉得不舒服，或者带来一大堆困惑。

用“而且”代替“但是”就可以把事情讲清楚了，而且你的身体感觉可能都会改变。

当一个人说“但是”时，常是想表达两种不同的意思，比如“我爱你，但是我希望你能常换内衣。”这句话的前半句和后半句话所指的根本就是两件事！

“我爱你，而且我希望你能常换内衣。”这种表达可以反映出一个人的期待，即他很害怕所提出的要求会令对方不舒服，于是在话里加上一些爱的关系，希望对方不要受到伤害。

“我想要求你一件事，可能你会不太愉快，但是我还是希望你时常换内衣。”这句话如果换成：“我想要求你一件事，可能你会不太愉快，我喜欢你时常换内衣。”相信听者的反应会不一样。

是，不是

清楚地说出“是”和“不是”是很重要的。很多人会说：“是，但是”或“是，也许”，因为这样说对他们——尤其那些有权力和地位的人——来说更安全些。

当我们很清楚地说“是”或“不是”时，我们指的是“现在”“此时此刻”的看法，而不是永远的。“是”和“不是”只是对某一件事情的清楚态度或认知，与自我价值是没有关联的，如果能本着这个观念来使用“是”和“不是”，那么就能和他人建立起真实的联结。

当关系双方彼此信任、感情很好、可以自由地说出自身的看法时，即使我们说错话也不用管它；然而，人们常常不能肯定彼此，也并不十分了解彼此，此时若不明确表达出是非含义，就很容易让误解产生，进而萌生出负面情绪感受——只要有机会，负面的情感是很容易产生的。

“不是”是我们所必需的，它需要在适当的时机被表达出来。当人们想说“不”时，往往会说成“也许”或“是”以逃避事实，他们以为这样就不会造成对方的不舒服。但事实上这是一种欺骗，其后果是信任的缺失，也必然会阻碍真实的联结。

如果“不是”说得不够清楚，即使你说“是”也可能不被人相信，你应该听过这样的话：“他常说‘是’，可事实上他可能并不是这个意思。”

总是，决不

“总是”是一个概括性的肯定形式，而“决不”则是其否定形式，例如：

“你总是要把盘子里的东西吃光。”

“你决不可以把东西剩在盘子里。”

这两个词的文字意义是缺乏正确性的，并且这些指示也无法与实际生活相符。在我们的生活中，很少有事情是“总是……”或“决不……”的，因此如果你遵照这些要求去生活，结果一定是失败的，就像我们先前所提过的那些规则一样。

我们使用这些词常常只是为了强调我们的情绪，如“你总是令我生气。”

而事实上你只是想说：“你‘现在’让我很生气。”

如果情形真如你前一句所说的那样，那么你的肾上腺素大概早被生气耗尽了。

“总是”和“决不”有时是不知不觉地被使用的，比如一个人和另一个人才相处了五分钟，便可能表示：“他很聪明，总是能明白我的意思。”

这两个词不是永远或随时随地都行得通的，它们很容易引起情绪反应，而且往往反映的并非真实情况，其带来的结果也多是伤害，使心境难以愉悦。

我们常常使用这些字眼儿，但事实上它们本身并没有什么特别的意义。它们都属于我先前谈过的"不合人性的规则"，基本上都会带来不必要的罪恶感和抑郁的心境，因为它们与我们的真实生活不相符。

应该

"应该"和"必须"也是很容易使人掉进陷阱的词。它们似乎暗示着你已经错了——而此刻你也无能为力。

用这些字眼儿常暗示着某个人的愚笨，比如：

"你应该知道得多一点儿。"

这听起来是一句友善的劝告，却多少含有责备的味道。

人们用"应该"这个字眼儿时，往往是处在一个进退维谷的情境中，同时拥有一个以上的可能方向而难于决定，"应该如何"是用力把人拉向某一方向，但其心里也清晰地知道另一方向对其而言也同等重要。

"我喜欢这个，但是我应该选那一个。"

当你在说这句话时，你的身体会觉得很紧张。当“必须”“应该”出现之后，对于其他的选择你就无法顾及了，因为就身体而言，我们的脑筋一时只能朝一个方向思考，当你的身体开始紧张时你的脑子也会冻结起来，于是你的思考就受到了限制。

当你听到自己说“必须”“应该”时，你要注意这是一个警告，它在告诉你现在的你正有所挣扎。或许你可以把两个不同的意见不再放在一个句子中，可以试着平等地将它们分别放在不同的句子里，如：

“我喜欢这个……”（第一部分）

而将“但是应该选择那一个……”

转换成

“我也希望做那一个……”（第二部分）

如果你能把有冲突的句子分开，便可以分别去思考每个建议，然后再合并起来考量。这样你的身体就有机会放松。一旦身体松弛下来，身心就会得到释放，也能激发出内在更多的资源，帮助你达成更和谐、满意的目标。

若我处在冲突的情境下，我会问自己：是不是要继续耗着？如果我的答案是“不”，那么我就会想出不同的法子，然后在这些不同的想法里自由穿梭。因为我没有那种“你输，我赢”或“我输，你赢”的情绪了，所以就不会被憋死，而是给自己留出了一点儿空白，顶多带来一点不方便而已。

让我们再来看一看你所用过的字眼儿吧。

你所说的“他们”是谁呢？

你所说的“它”是什么？

你所说的“不是”到底是什么意思？

你所说的“是”是什么意思呢？

当你说“我”时，说得够清楚吗？

当你说“决不”和“总是”时，是不是只表示有时是这样子的，或只在强调自己的情绪？

你是怎样使用“必须”和“应该”的呢？

对大部分人来说，说话只是一种依惯性而做的事。事情只要变成了习惯，我们就不会去在意它了。于是，人们常常听不见自己在说什么，却会习惯性地说出自己无意要说的，或表达出很多自己无心要传达的讯息。说话事实上是一门艺术，所以我鼓励你开始注意它吧！——把它带入你的意识领域，你才是真正地在说话。

认识自己，意味着设法知道我们在做什么，我们在说什么，我们是怎样做的，以及我们想到了什么，感觉到了什么。

在成长的过程中，我们学到了很多做事的方法，而且在我们小的时候这些学得很快很深刻，经年累月后其中大部分就变成了我们现在的习惯，关系着我们现在的一举一动，甚至形成了我们的意识形态和惯性行为。而如果这些学来的东西并不再适用于“现在”，我们就需要找机会把它们丢掉，对不对？

这个过程不见得是很枯燥的，你可以试着把自己当作一个探险家，把本书当作进入自己内在的一张地图，当作你与他人建立联结的一条途径，看看依着它你会发现什么宝藏。

你的世界将会有很大的不同。

大部分人语焉不详

我们当然很明白自己要表达的意思，于是总认为他人“怎么这么笨，一点都不了解我”。

其实很多人在说话时常会有一些意思刚好相反的动作，你有没有注意到有时候人们口里说“是”，却在摇着头示意“不”？

我们与人沟通所期待的结果是：我了解你，并且觉得你也了解我。

要清楚地说出你目前“在哪里”，开始时对大多数人来说是很困难的，因为这是一项新的学习，开始时会觉得不自然，也很担心学习后会变成什么样子。所以刚开始请先学着对你所喜爱的人表达，这样就能建立起一个充满信任与自由的关系。然后你再尝试对其他人说出你“在哪里”，这样就可以把事情说清楚了。

我曾经很讶异地发现，有一些我所遇到的人认为自己的话并不值得听，或者他们很怕被他人注意到，有些人甚至不听自己所说的话。你不妨来做个实验：用录音机录下一段你与他人的讨论，然后放出来听听，你会得到一些惊人的发现。

请你试着用自己的方法来帮助自己———用更有人性的观念来生活。下面的四种观念，希望你能融入你的生活中：

把昨天令你觉得不好意思的，当成今天的幽默；

把昨天你想起来会让你发疯的，

变成今天值得思考的可能，

把昨天的错误，当作今天学习的材料，

虽然它会带点儿痛苦；

把昨天令你迷惑的，作为今天你要去解决的。

将这些观念加入你的生活里，它们会不时地提醒你：你有的是时间，有的是希望，你会有新的想法、新的努力和新的知识、技巧，而且很多关系和境况都会接着发生改变。

如果你把事情想成“永远都会是这个样子的”，如此把生机自行截断的话，那才是你最大的问题。

要改变自己，你才是那个最有影响力的人。一旦你的想法改变了，你便会发现你就是自己的主宰者。

你是有能力改变的，因为你——

能看，能听，能触摸，能感觉，能想，能说，能做，能行动，能学习。你是你的主宰。

沟通通道

想做到一致性沟通，最好的姿势是：两个人之间保持一个手臂长的距离，双方眼睛平视，同时坐着或站着。

这一姿势可以使双方之间的沟通通道维持良好状态，当我说“通道”时，我指的是：

眼睛：使我们彼此能看到对方

耳朵：使我们彼此能听到对方

嘴：可以说

皮肤：可以感觉

鼻子：可以嗅闻

当你看着我，我也看着你时，我们就可以很清楚地看到对方，否则的话，我只能靠想象来认识你。我们可以想象一下：人与人之间的沟通通道就像导管一样，消息在里面相互传送着，正如我们的耳朵能到声波的传递一样。

如果我们身体的所有通道都打开了，视觉、听觉、触觉、嗅觉、大脑和内脏全都联结起来，它们是开放的状态，那么我们接收到的东西就将是充实的、圆满的。糟糕的情况就是一个人听着这边却看着那边，或说着这个却想别的去了。这就像一个人听收音机，右耳听一个电台，左耳听另一个电台一样糟糕。

这样便造成了人们听错了、看错了、有了误解或者产生错觉的结果，因而无法实现彼此的联结。

很多人在使用错误的沟通方式后会责备他人或自己，但我建议将之视为一个线索，来看看彼此的联结是不是不够，甚至进一步去追寻到底是为什么，而不是一味地责备，因为责备只会中断我们的追寻。

当你如此追寻的时候不妨问问自己：“我到底看到了什

么、听到了什么，而我又有了什么想法、什么感觉？”

把你的所知所想拿来与对方分享，并且问问他看到和听到了什么，有什么想法和感觉。

下面是我们在听的时候会遇到的障碍，你是不是也有过这类情形？

“我坐在这儿不想说话，因为我不想伤害你的感情，也不想因此遭受惩罚。”

“刚有件很有趣的事情吸引着我，所以没听全你所说的话。”

“我已经知道你要说什么了，所以不用注意听。”

“我害怕你会批评我，所以我得保护自己。”

“我满脑子都是担心，所以没听到你的话。”

“我和你之间的事还没了结，所以我还想着昨天的那件事，听不进去你在说什么。”

“我看到的不是你，而是由你引起的我所想到的一些人，所以我看着你，听到的却是他们的声音。”

这些虽然不一定都是你说出来的话，却常常是你心里所想，它们都是联结时的障碍。

我建议你把它们移开，把你心中的那些假设与对方分享，那么一切就会变得清晰。建议你不断地去做这样的练习，它并不难，但非常有用。

我经常要问自己是不是在没感觉的状态下说话，若是如此，我就不能真正看到，也不能真正听到，与人联结就发生了困难。

而当我必须不断地上下转动头才能看到别人或听到他们说的话时，我的身体就会感受到一种沉重的压力，我就不能真正听到或看到了。

人类就是这样被创造的，我们的身体会不断地移动来找到一个平衡与放松的状态。如果这种平衡被打破，我们所接收到的讯息就会和传送的讯息不一致。当我们发现这种情形时，与其责备自己，不如找寻是否还有其他因素能够改善它。

如果我们想想自己儿时所学过的东西：如何成为我们自

己，如何与他人尤其是与父母互动，那么我们就很容易了解，为什么那么多人以为必须要依靠别人才能生存下去，并把自己的个人资源送给了别人。

如果你能真正看到、听到，那么你与他人联结时就会有一份责任感。所以无论和谁在一起，哪怕是和孩子们沟通时，也请试着让彼此的身体只保持一个手臂长的距离吧！

与人联结时不要觉得自己很渺小、很脆弱、很愚蠢或很疯狂，如果你心里有这种感觉，那么你的姿势也会如此表现。你可以要求你的对象坐下来和你面对面地谈话，这样会帮助我们增加一些自我价值感，并且一种平等的谈话方式会使你们的联结更为容易建立。

一些自以为是的人常喜欢操纵别人，一旦他有这种想法时，他的身体自然会表现出与之相应的姿势，如别人坐着他却站着，以表示他高高在上。

人与人之间要靠得多近、离得多远，对于联结而言是关系很大的。当两个人的距离超过一个手臂长时，你就会很容易忽视对方的存在，从而使得彼此的联结变得没有人情味，似乎彼此隐藏着什么，这对建立真正的联结是没有好处的。

大部分人很少注意身体姿势所带出的讯息，因为人们并没有认真地去思考过它。事实上，有时从一个人的姿势就可以知道他有没有和对方达成真正的联结。

如果继续这样想下去，你就会明白，难怪那么多小孩子喜欢站到椅子、桌子上，因为这样站着他就和父母一样高了啊！他们的视线也可以一致了，这就是我们的身体在发展过程中所必经的过程，那是我们的身体在潜能的驱动下时时追求平衡所致。

想想在你的朋友圈中，是不是有人比你高两三厘米呢？或者你就是那个长得最高的人。但是对小孩来说，在他的生活中，每一天都要面对比他高的人，至少有七八年的时间父母是比他高的！

个子高的人常会给个子矮小的人以威胁感（他那么大……我这么小……），也因此常会引发个子矮的人对他们的依赖感（他能够做任何事情，能照顾我……）。

成人之间体格大小的比较，常会引起个子矮的人渺小无助的自我感受，这是我们身体过去所学习到的，而这个反应往往是带着痛苦的。

你可以做一下下面的实验：和你的配偶、你的孩子、你的父母比比个子，不管你是比较高的还是比较矮的，你都不妨再试着站到一个与他们高度一致的地方，去感受一下你们之间的感觉发生了多大的不同。

我有时会这样做：让一家人全站在高低不等的椅子上，使他们的视线都在同一个水平线上，彼此的距离也都维持在一个手臂长的位置上。这时会发生一些很特殊的感受体验：父母不再那么可怕了，而小孩看起来也和大人一样强大了。

你身体的姿势和你与他人联结得如何有相当重要的联系。如果能保持彼此平视并维持一个手臂长的距离，就更有可能产生好的联结。

再说说坦诚。当你第一次尝试开放自己时，你可能很害怕，因为这多多少少是一种冒险。而这种冒险，更像是给自己一次机会，去选择那些清晰的话语来表达真实的自己，同时也给你的朋友一个真正听到和看到你的机会。

我在前面曾提到过五种自由，如果你接受了这五种自由，便能更有勇气地来冒这个险，而运用语言清楚地表达你一切真实的感觉，将会减少危险性。

小小摘要

如果我们把人与人之间真实的联结画成一个图，那么这个图里会包括下面几个部分：

邀请，是与他人联结的第一步。

“我有些事想要告诉你，你现在可以听吗？我很想和你谈谈。”

“你现在有时间吗？我很想和你分享一些心中的话。”

“我和你之间有一个疙瘩，我们现在可以一起谈谈吗？”

注意你自己的身体姿势，让你们的视线等高，保持一个手臂长的距离，而且通常最好的姿势是两个人坐下来——因为站着的话，人与人的高矮不同，会带来一些不必要的讯息——准备好要冒一个险，把你内心的东西表达出来。

最好用“我”来展开叙述：比如“我很生气”，而不要说“你让我很生气”；“我很担心”而不要说“你让我很担心”。简单地说，就是把你内在的情境和情绪感受很坦诚地表达出来。

接下来是发问。这种发问并非像当你的小孩拿了糖果罐被你看到时你问他：“你是不是要吃糖？”因为这样子的话小孩肯定会撒谎说：“不是！不是的。”此时的你也并非是在真的找寻资料，而且你也永远不会得到真正的答案。这里的发问是问一些你不知道的东西，而不是你已经知道的。

想一想，一切困难的发生，都表示将有新的机会产生，经由有创意的过程来处理困难，就是一种学习和成长。它将使你放下负担，同时创造新的可能。

生活在五种自由中

我们的生活是持续不断的。每一个时刻都包含着新经验产生的可能，以及增强自我价值的机会。让我们多冒一点险吧！用一致性沟通来改变我们的规则。

假设你有一台电脑，它一天二十四小时都是开机状态，随时方便使用，它可以记录下你一生中的重要事件：你的过去、你的现在、你的反应、你的决定，以及你所有的希望、恐惧和梦想。而如果你想要用这些资料，你随时可以要求它显示出来：智力上的、身体上的、情绪上的、社会上的，以及精神上的。除此之外，它可以满足你的一切要求，它可以感觉人类的感情、思想，以及行动。如果你拥有这样一台电脑，你会觉得有压力吗？你会因为有那么多的可能被你掌握着而感到兴奋吗？你会“惧怕”这个电脑可能产生的力量吗？

我想你拥有这样一个工具，因为我知道我自己就有一个。或许它正好跟你的一样，有时我也会因此而感到压力、敬畏和害怕，但我也会因为有了这个工具而兴奋不已。有时候，我觉得它像是我的一个负担，但大部分时候，我认为它是一个神奇的资源。

我们都是神奇的人类，都有能力去无限成长，不管在什么情况下，我们必须随时将自己铭记在心，去发现我们自己，我们值得自己去爱、尊重和敬畏。不断发现自我能够滋润我们自身，培养我们的勇气，帮助我们在未来的日子里走得更远。

本书里，我所提供给大家的是我和一群人共同的感想，我发现这些会给我们的人生带来很大的帮助。让我们一块儿走过生活的迷津，并一同解决生活中的迷惑吧。让我们通过学习来了解现在是怎样的，了解人人都有的美丽奇迹，用眼睛去看，用心去感知，丢掉一些旧有的东西，也加进来一些新的，这就是我们学习的历程。

我希望本书能让你开始去做一些事情，让你面向未来而不是重复过去，能够有勇气去选择而不是自我封闭。

祝你一路顺风，最重要的是，爱你自己。

与诸位相处的一些感言

我觉得你们每一位都了解我并且珍视我。我很高兴你们事先都准备好来信任我，并且允许你们自己去接受新的观念。当你们冒险袒露自己时，我觉得我被赋予了权利出现在这里。

我最高兴的是我得知有几位学员今年将参加我的整合过程工作坊。

我很珍惜与学员们共处的时间，跟你们在一起有一种“回家”的美好感觉。如果有轮回的话，我的前生一定是中国人。

To my beautiful friend
and Colleague, Agnes Wu
Lovingly
Virginia Satir
2/13/83